第二幕

一場　シャボンディ諸島、奴隷市場
二場　女ヶ島、アマゾン・リリー
三場　城内の宴会場
四場　バナロ島
五場　ハンコックの部屋

第二幕

一場　インペルダウン、牢獄の拷問部屋
二場　大監獄
三場　牢獄の道
四場　地下牢獄（ゼロ番牢）
五場　監獄の地下道
六場　ニューカマーランドの奥の間
七場　ニューカマーランド
八場　船着場

第二幕

一場　海軍本部マリンフォード広場
二場　海軍本部・天守閣
三場　マリンフォード広場
四場　アマゾン・リリー、宮廷別邸の庭
五場　星が浜

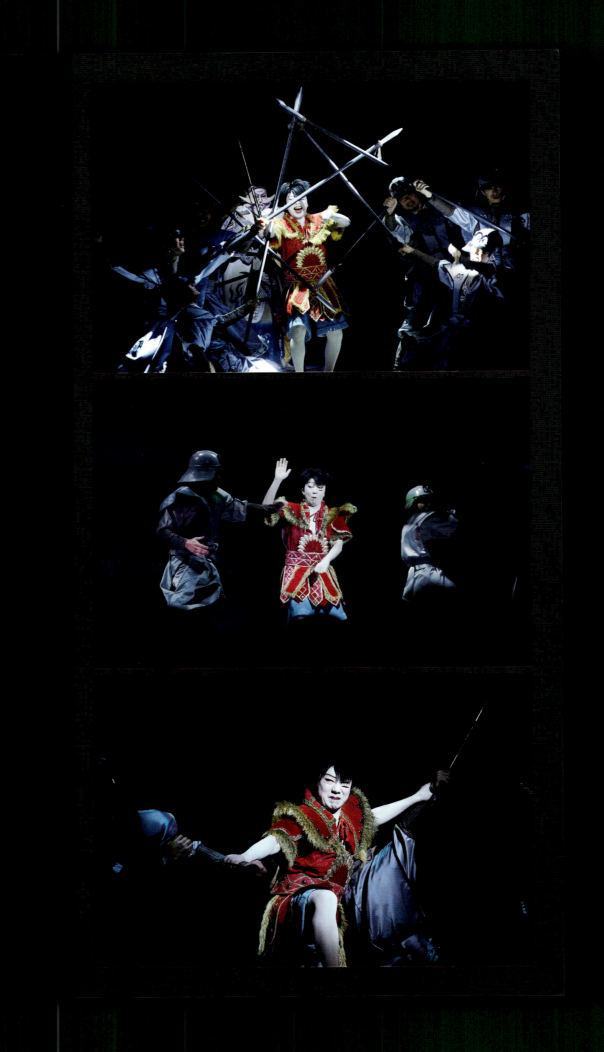

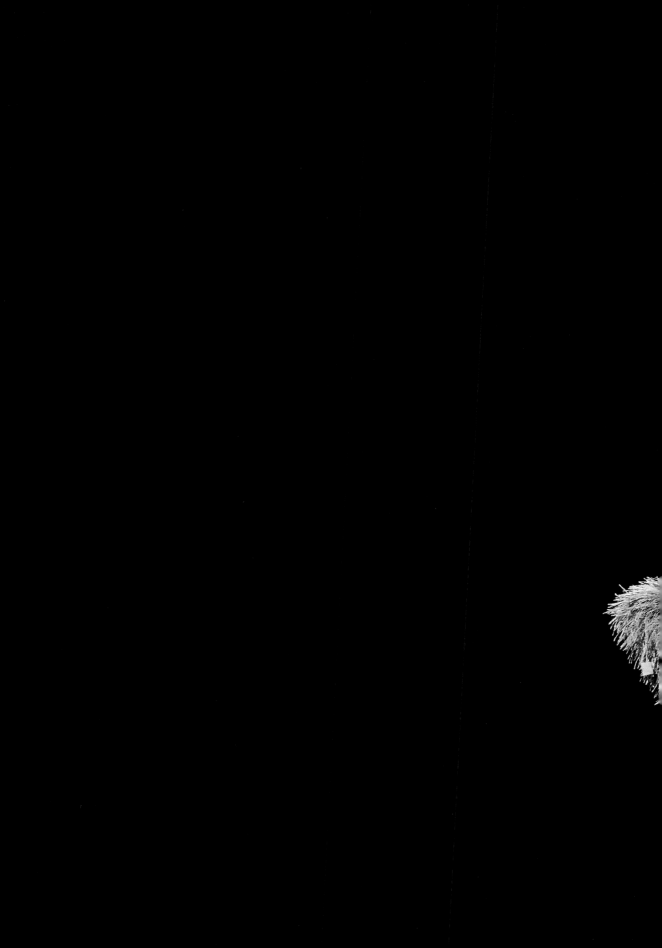

撮影：鈴木心
アシスタント：神藤剛
監修：市川猿之助
監修協力：清水まり
デザイン：石野竜生（Freiheit）
協力：松竹株式会社
　　　スーパー歌舞伎Ⅱ『ワンピース』パートナーズ
撮影協力：博多座

スーパー歌舞伎Ⅱ
『ワンピース』〝偉大なる世界〟
Photography

2017年11月16日　第1刷発行
2017年12月23日　第2刷発行

発行人　鈴木晴彦
編集人　土生田高裕
発行所　株式会社 集英社
〒101－8050
東京都千代田区一ツ橋2-5-10
03(3230)6017（編集部）
03(3230)6393（販売部・書店専用）
03(3230)6080（読者係）

印刷所　凸版印刷株式会社
Printed in JAPAN

本書掲載の写真・記事の無断転載、複製を禁じます。本書掲載の写真・記事の無断転載は、法律で認められた場合を除き、著作権の侵害となります。また、業者など、読者本人以外による本書のデジタル化は、いかなる場合でも一切認められませんのでご注意ください。

造本には十分注意しておりますが、乱丁・落丁（本のページ順序の間違いや抜け落ち）の場合はお取り替え致します。購入された書店名を明記して、集英社読者係宛にお送りください。送料は集英社負担でお取り替え致します。但し、古書店で購入したものについてはお取り替えできません。

定価は外張りシールに表示してあります。
©尾田栄一郎／集英社・スーパー歌舞伎Ⅱ『ワンピース』パートナーズ

分売不可　ISBN978-4-08-780829-2　C0074